Impressum
Verlag: BABADADA GmbH, Nedderfeld 112 , 22529 Hamburg
Geschäftsführer / Verlagsleitung: Harald Hof
Druck: Books on Demand GmbH, In de Tarpen 42, 22848 Norderstedt

Imprint
Publisher: BABADADA GmbH, Nedderfeld 112 , 22529 Hamburg, Germany
Managing Director / Publishing direction: Harald Hof
Print: Books on Demand GmbH, In de Tarpen 42, 22848 Norderstedt

la escuela
shule

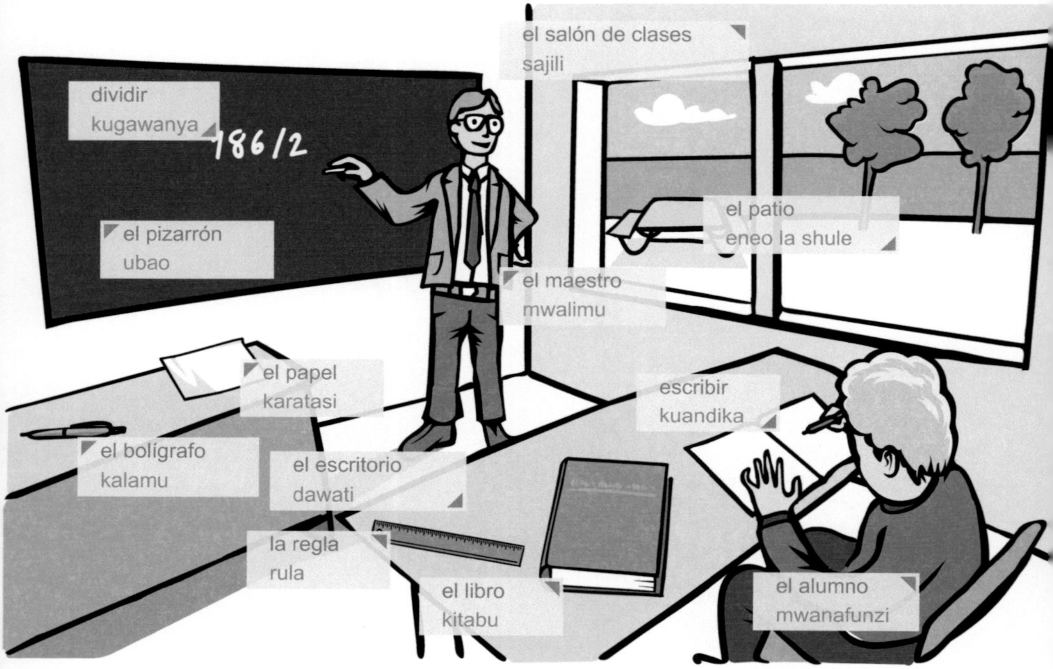

el salón de clases
sajili
dividir
kugawanya
186/2
el pizarrón
ubao
el patio
eneo la shule
el maestro
mwalimu
el papel
karatasi
escribir
kuandika
el bolígrafo
kalamu
el escritorio
dawati
la regla
rula
el libro
kitabu
el alumno
mwanafunzi

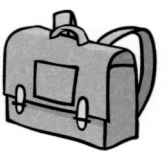

la mochila

mkoba

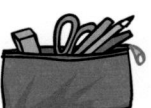

la caja de lápices

kikasha cha penseli

el lápiz

penseli

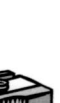

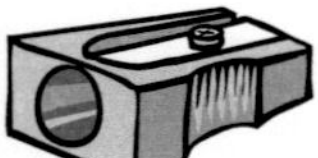

el sacapuntas

kichonga penseli

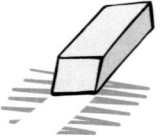

la goma de borrar

mpira

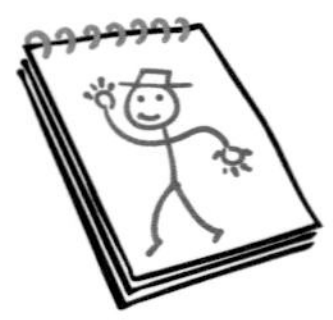

el bloc de dibujo

pedi ya kuchora

el dibujo

uchoraji

el pincel

brashi ya rangi

la caja de lápices de color

sanduku la rangi

las tijeras

mkasi

el pegamento

gundi

el libro de ejercicios

daftari

la tarea

kazi ya nyumbani

el número

nambari

sumar

jumlisha

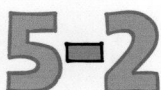

restar

ondoa

multiplicar

zidisha

calcular

kokotoa

la letra

barua

el alfabeto

alfabeti

la palabra

neno

el texto

maandishi

leer

kusoma

la tiza

chaki

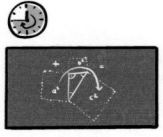

la lección

somo

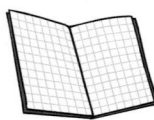

el cuaderno de clase

sajili

el examen

uchunguzi

el certificado

cheti

el uniforme

sare za shule

la educación

elimu

la enciclopedia

elezo

la universidad

chuo kikuu

el microscopio

darubini

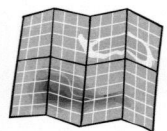

el mapa

ramani

el bote de basura

kikapu cha kuweka karatasi chafu

el viaje
usafiri

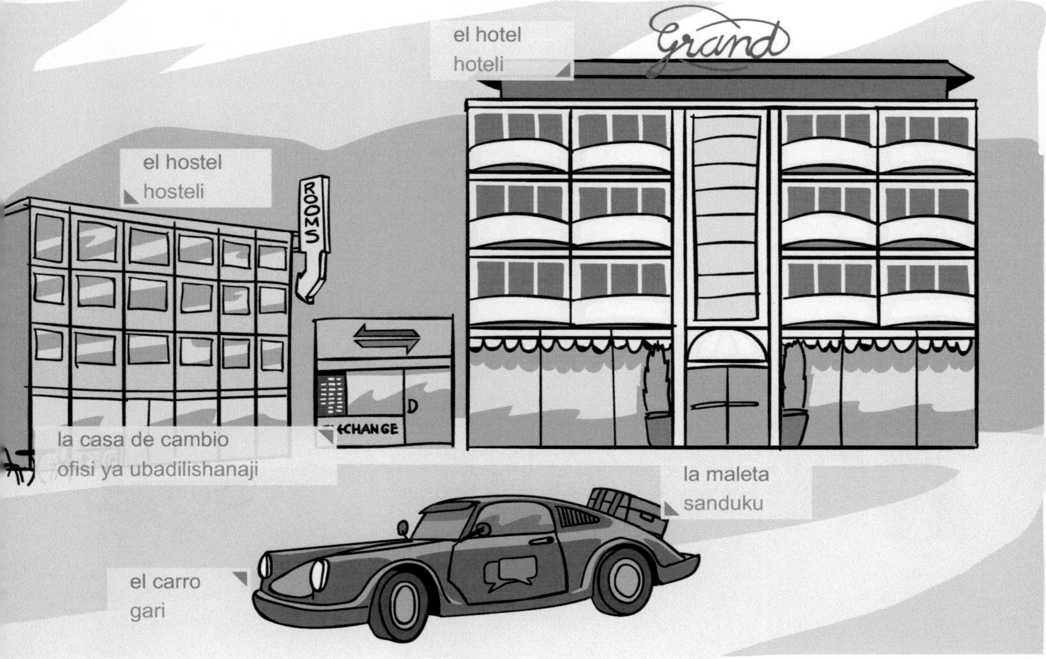
el hotel
hoteli
Grand
el hostel
hosteli
ROOMS
EXCHANGE
la casa de cambio
ofisi ya ubadilishanaji
la maleta
sanduku
el carro
gari

el idioma
lugha

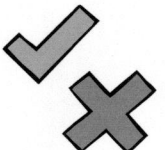

sí / no
ndiyo / la

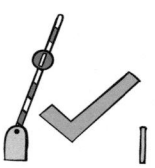

Órale
sawa

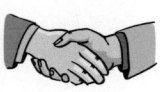

hola
hujambo

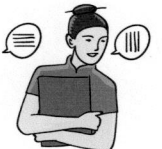

el traductor
mtafsiri

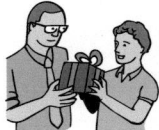

Gracias
Asante

¿cuánto cuesta…?

kiasi gani ni ...?

No entiendo

Sielewi

el problema

tatizo

¡Buenas tardes!

Jioni njema!

¡Buenos días!

Habari za asubuhi!

¡Buenas noches!

Usiku mwema!

adiós

kwa heri

la dirección

mwelekeo

el equipaje

mizigo

la bolsa

mfuko

la mochila

shanta

el invitado

mgeni

la recámara

chumba

la bolsa de dormir

begi la kulalia

la tienda de campaña

hema

la información turística

taarifa ya utalii

la playa

ufuo

la tarjeta de crédito

kadi

el desayuno

kifunguakinywa

el almuerzo

chakula cha mchana

la cena

chakula cha jioni

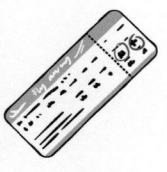

el billete

tiketi

el ascensor

kuinua

el sello

muhuri

la frontera

mpaka

la aduana

mila

la embajada

ubalozi

la visa

visa

el pasaporte

pasipoti

el transporte
usafiri

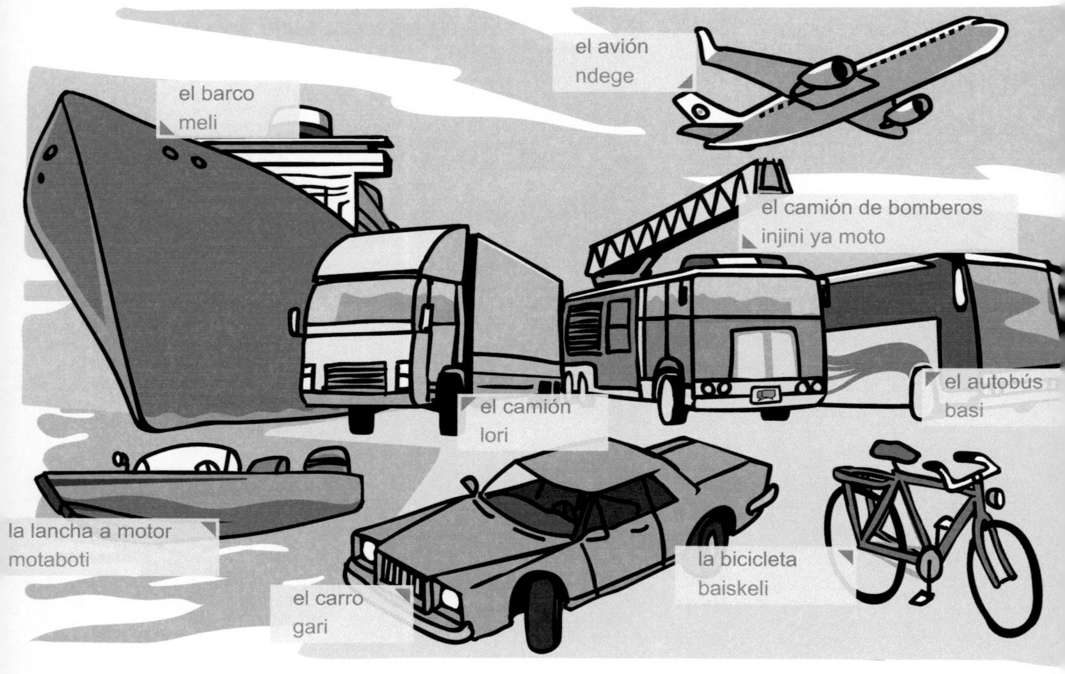

el avión
ndege

el barco
meli

el camión de bomberos
injini ya moto

el autobús
basi

el camión
lori

la lancha a motor
motaboti

la bicicleta
baiskeli

el carro
gari

el ferry

feri

el bote

mashua

la motocicleta

pikipiki

la patrulla

gari la polisi

el coche de carreras

gari la mashindano

el auto para rentar

gari la kukodisha

la renta de autos

kushiriki gari

la grúa

lori la kuvuta

el camión recolector de basura

ukusanyaji taka

el motor

motor

la gasolina

mafuta

la gasolinera

kituo cha mafuta

la señal de tráfico

ishara trafiki

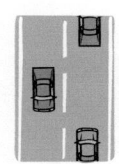

el tránsito

trafiki

el embotellamiento

msongamano

el aparcamiento

maegesho

la estación de tren

kituo cha treni

las vías

reli

el tren

garimoshi

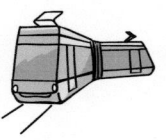

el tranvía

tremu

el vagón

gari la mizigo

el helicóptero

helikopta

el aeropuerto

uwanja wa ndege

la torre

mnara

el pasajero

abiria

el contenedor

chombo

la caja de cartón

katoni

la carretilla

mkokoteni

la cesta

kikapu

despegar / aterrizar

ondoka

la ciudad

jiji

el pueblo

kijiji

el centro de la ciudad

katikati ya jiji

la casa

nyumba

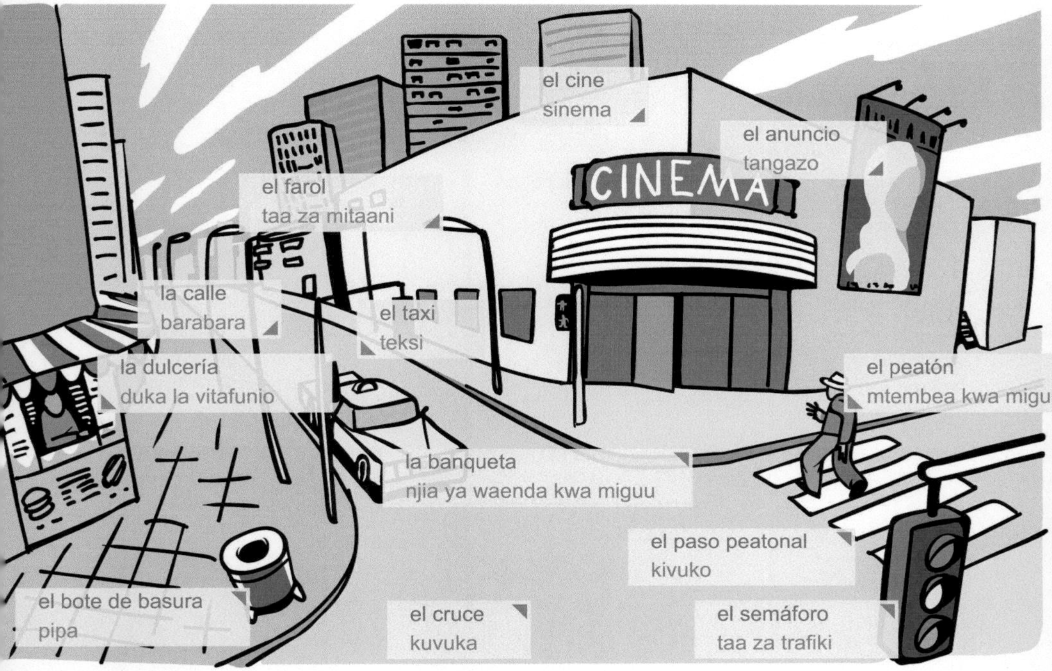

el cine
sinema

el anuncio
tangazo

el farol
taa za mitaani

la calle
barabara

el taxi
teksi

la dulcería
duka la vitafunio

el peatón
mtembea kwa miguu

la banqueta
njia ya waenda kwa miguu

el paso peatonal
kivuko

el bote de basura
pipa

el cruce
kuvuka

el semáforo
taa za trafiki

CINEMA

la cabaña
kibanda

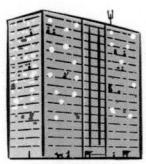

el apartamento
gorofa

la estación de tren
kituo cha treni

el ayuntamiento
ukumbi wa mji

el museo
Makavazi

la escuela
shule

la ciudad - jiji

11

la universidad
chuo kikuu

el banco
benki

el hospital
hospitali

el hotel
hoteli

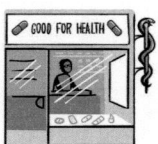

la farmacia
duka la dawa

la oficina
ofisi

la librería
duka la kitabu

la tienda
duka

la florería
duka la maua

el supermercado
dukakuu

el mercado
soko

las grandes tiendas
idara ya kuhifadhi

la pescadería
mwuza samaki

el centro comercial
kituo cha ununuzi

el puerto
bandari

el parque

Hifadhi

el banco

benki

el puente

daraja

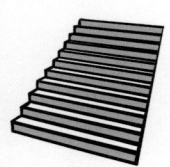

las escaleras

vidato

el metro

chini ya ardhi

el túnel

handaki

la parada de autobús

kituo cha mabasi

el bar

bar

el restaurante

mgahawa

el buzón

sanduku la posta

el letrero

ishara ya barabara

el parquímetro

mita ya maegesho

el zoológico

bustani ya wanyama

la alberca

kidimbwi cha kuogelea

la mezquita

msikiti

la granja

shamba

la contaminación

uchafuzi

el cementerio

makaburini

la iglesia

kanisa

el área de niños

uwanja wa michezo

el templo

hekalu

el paisaje

mazingira

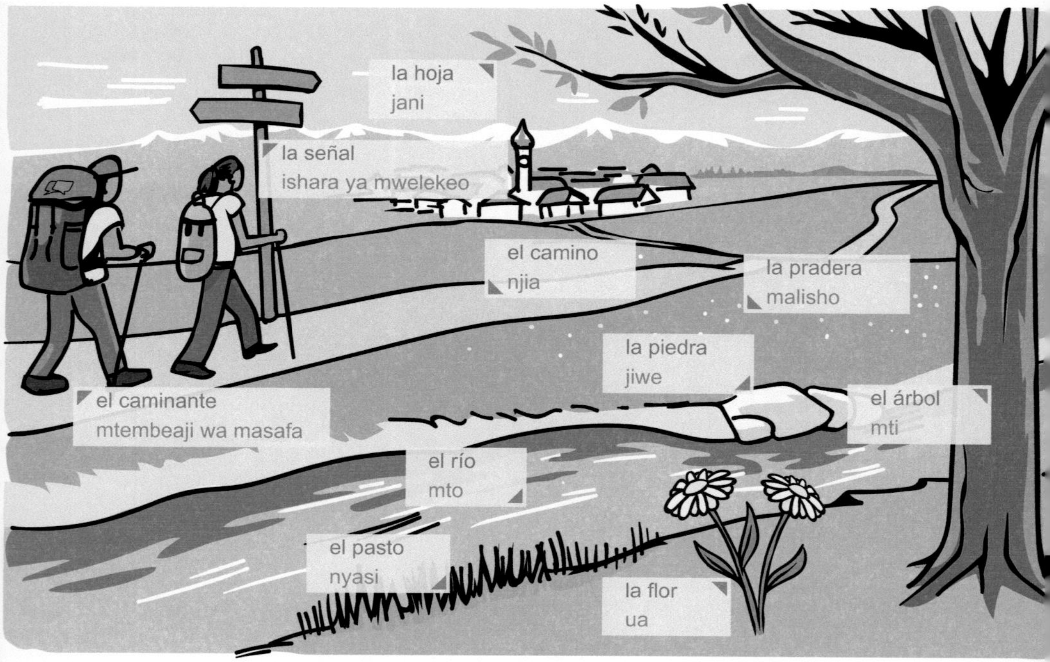

la hoja
jani

la señal
ishara ya mwelekeo

el camino
njia

la pradera
malisho

la piedra
jiwe

el caminante
mtembeaji wa masafa

el árbol
mti

el río
mto

el pasto
nyasi

la flor
ua

el valle

bonde

la montaña

kilima

el lago

ziwa

el bosque

msitu

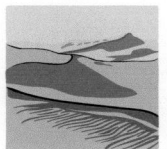

el desierto

jangwa

el volcán

volkano

el castillo

ngome

el arco iris

upinde wa mvua

el champiñón

uyoga

la palmera

mtende

el mosquito

mbu

la mosca

kuruka

la hormiga

chungu

la abeja

nyuki

la araña

buibui

el escarabajo

mende

la rana

chura

la ardilla

kuchakuro

el erizo

nungunungu

la liebre

sungura

la lechuza

bundi

el pájaro

ndege

el cisne

swan

el jabalí

nguruwe mwitu

el ciervo

kulungu

el alce

aina ya kongoni

el embalse

bwawa

la turbina eólica

tabo ya upepo

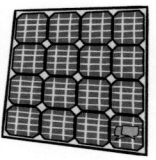

el panel solar

nishaji ya jua

el clima

hali ya hewa

el restaurante
mgahawa

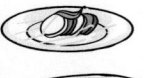

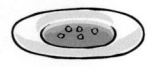

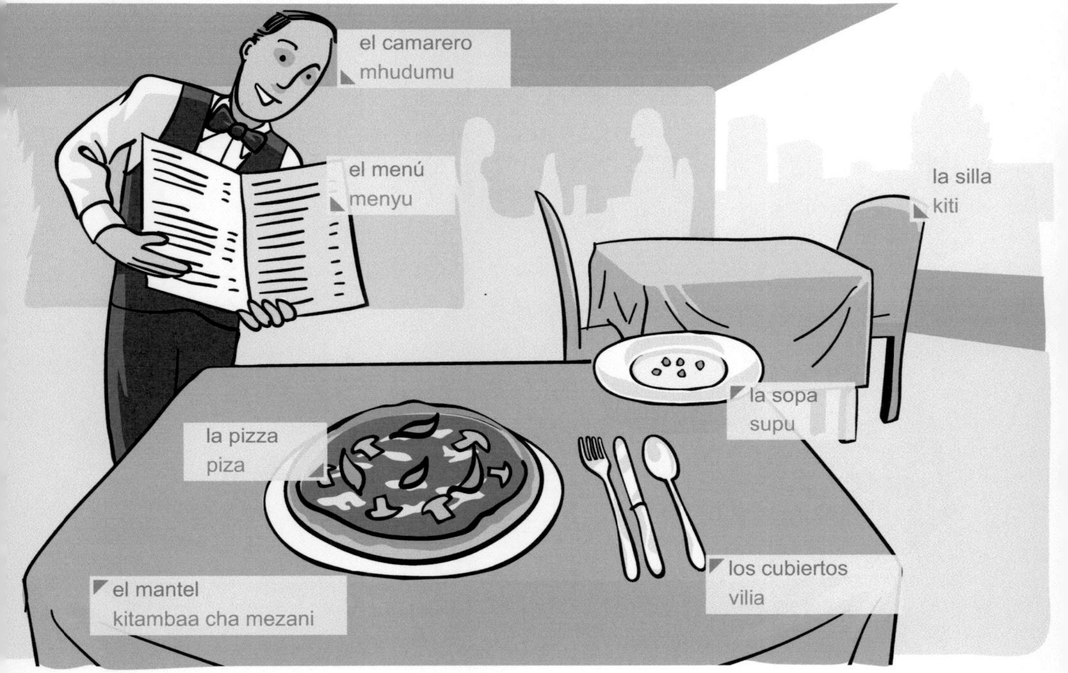
el camarero
mhudumu
el menú
menyu
la silla
kiti
la sopa
supu
la pizza
piza
los cubiertos
vilia
el mantel
kitambaa cha mezani

la entrada

kiamsha hamu

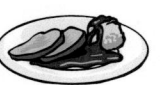

el plato fuerte

kozi kuu

el postre

kitindamlo

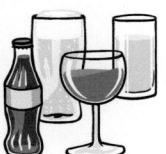

las bebidas

vinywaji

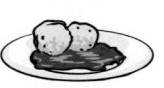

la comida

chakula

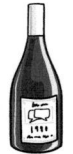

la botella

chupa

la comida rápida

chakula cha haraka

la comida de la calle

Streetfood

la tetera

buli

la azucarera

kisanduku cha sukari

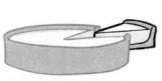

la porción

sehemu

la cafetera espresso

mashine ya espresso

la periquera

kiti kirefu

la cuenta

muswada

la charola

trei

el cuchillo

kisu

el tenedor

uma

la cuchara

kijiko

la cuchara de té

kijiko cha chai

la servilleta

nepi

el vaso

glasi

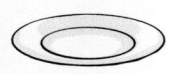

el plato

sahani

el plato hondo

sahani ya supu

el plato

sufuria

la salsa

mchuzi

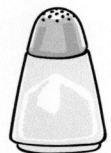

el salero

kichanyaji chumvi

el molino para pimienta

kinu cha pilipili

el vinagre

siki

el aceite

mafuta

las especias

viungo

el kétchup

kechapu

la mostaza

haradali

la mayonesa

kachumbari nzito

el supermercado
dukakuu

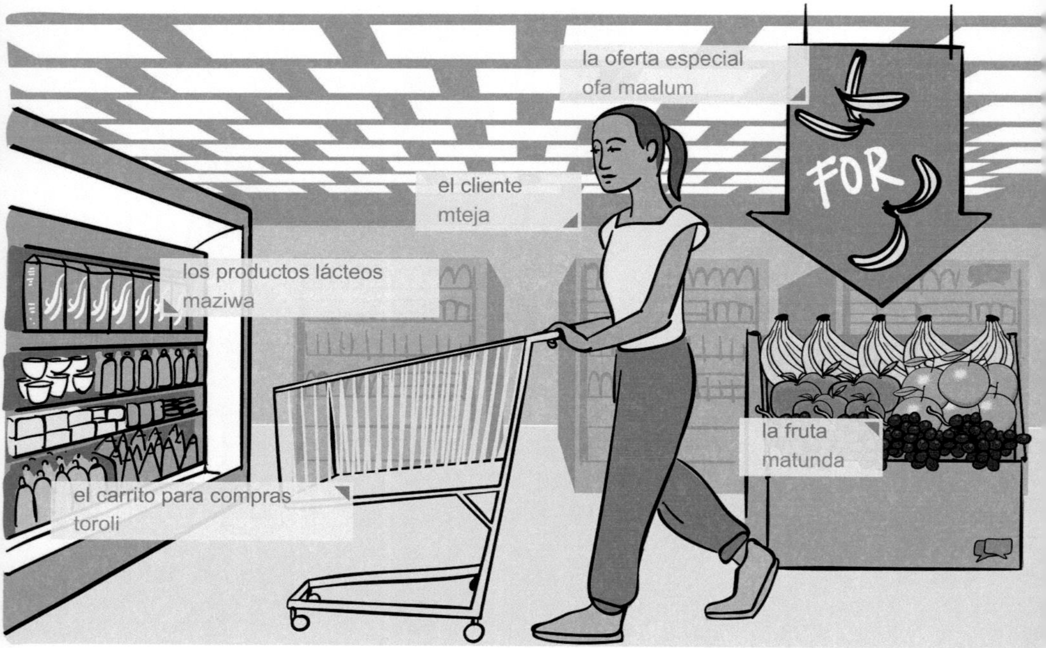

la oferta especial
ofa maalum
FOR
el cliente
mteja
los productos lácteos
maziwa
la fruta
matunda
el carrito para compras
toroli

BUTCHERS

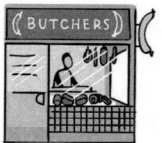

la carnicería

mchinjaji

BAKERY

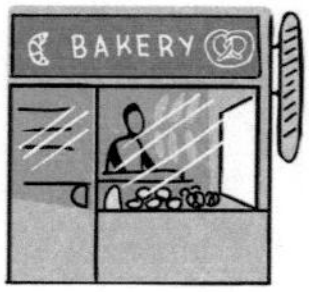

la panadería

mwokaji

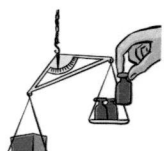

pesar

uzito

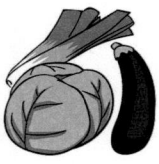

los vegetales

mboga

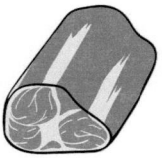

la carne

nyama

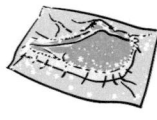

los alimentos congelados

chakula waliohifadhiwa

las carnes frías

vipande vya nyama baridi

los alimentos enlatados

chakula cha kopo

el detergente en polvo

sabuni ya unga

los dulces

pipi

los electrodomésticos

bidhaa za kaya

productos de limpieza

bidhaa za kusafisha

la vendedora

mtu mauzo

la caja

mpaka

el cajero

keshia

la lista de compras

orodha ya manunuzi

el horario de atención al público

masaa ya ufunguzi

la cartera

mkoba

la tarjeta de crédito

kadi

la bolsa

mfuko

la bolsa de plástico

mfuko wa plastiki

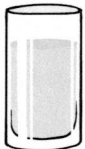

el agua

maji

el jugo

sharubati

la leche

maziwa

el refresco de cola

coke

el vino

mvinyo

la cerveza

bia

el alcohol

pombe

el cacao

kakao

el té

chai

el café

kahawa

el espresso

spreso

el cappuccino

kapuchino

el plátano

ndizi

la manzana

tufaha

la naranja

machungwa

el melón

tikiti

el limón

lemon

la zanahoria

karoti

el ajo

kitunguu saumu

el bambú

mianzi

la cebolla

kitunguu

el champiñón

uyoga

las nueces

karanga

los fideos

nudo

los espaguetis

spageti

el arroz

mpunga

la ensalada

saladi

las patatas fritas

vibanzi

las patatas fritas

viazi vya kukaanga

la pizza

piza

la hamburguesa

hambaga

el emparedado

sandwichi

el filete

kipande

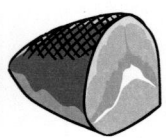

el jamón

paja la mnyama

el salami

salami

la salchicha

soseji

el pollo

kuku

el asado

choma

el pescado

samaki

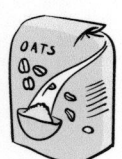

los copos de avena

oats ya uji

el muesli

muesli

los copos de maíz

cornflakes

la harina

unga

el cuernito

kroisanti

el bolillo

andazi

el pan

mkate

la tostada

mkate wa kubanika

las galletas

biskuti

la mantequilla

siagi

la cuajada

maziwa mgando

el pastel

keki

el huevo

yai

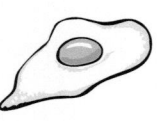

el huevo frito

yai kukaanga

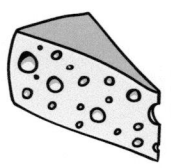

el queso

jibini

el helado

aiskrimu

el azúcar

sukari

la miel

asali

la mermelada

jemu

la crema de chocolate

kuenea kwa chokoleti

el curry

mchuzi wa viungo

la granja
shamba

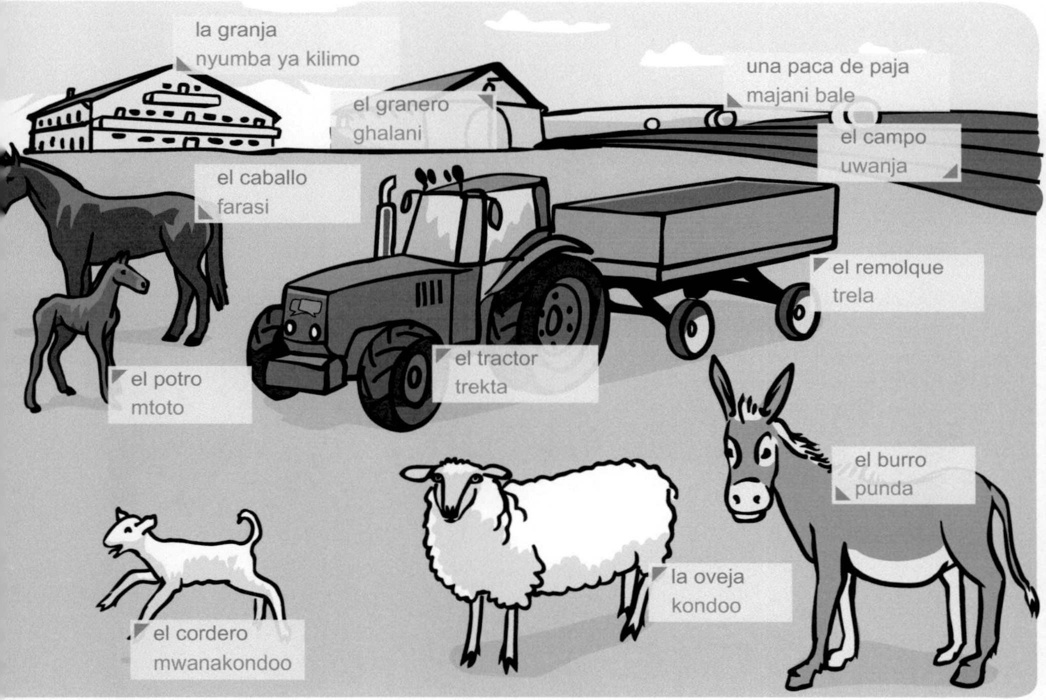
la granja
nyumba ya kilimo
el granero
ghalani
una paca de paja
majani bale
el campo
uwanja
el caballo
farasi
el remolque
trela
el tractor
trekta
el potro
mtoto
el burro
punda
la oveja
kondoo
el cordero
mwanakondoo

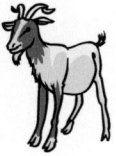

la cabra
mbuzi

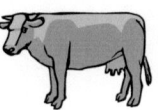

la vaca
ng'ombe

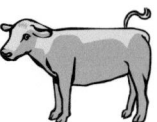

el ternero
ndama

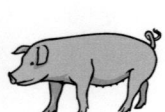

el cerdo
nguruwe

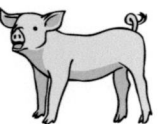

el lechón
mwananguruwe

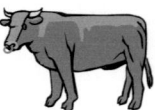

el toro
fahali

el ganso

batabukini

el pato

bata

el pollo

kifaranga

la gallina

kuku

el gallo

jogoo

la rata

panya

el gato

paka

el ratón

panya

el buey

ng'ombe

el perro

mbwa

la casa del perro

nyumba ya mbwa

la manguera

bomba la bustani

la regadera

debe la kumwagilia maji

la guadaña

fyekeo

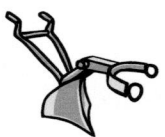

el arado

kulima

la hoz

mundu

el azadón

jembe

la horquilla

uma wa nyasi

el hacha

shoka

la carretilla

toroli

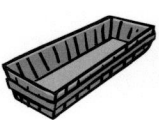

el bebedero

kupitia nyimbo

el bote de leche

chombo cha maziwa

el saco

gunia

la valla

ua

el establo

imara

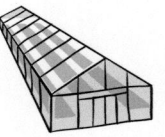

el invernadero

chafu

el suelo

udongo

la semilla

mbegu

el fertilizador

mbolea

la cosechadora

kivunaji

cosechar

mavuno

la cosecha

mavuno

el camote

viazi vikuu

el trigo

ngano

la soja

soya

la patata

viazi

el maíz

mahindi

la semilla de colza

rapa

el árbol frutal

mti wa matunda

la mandioca

muhogo

las cereales

nafaka

la casa
nyumba

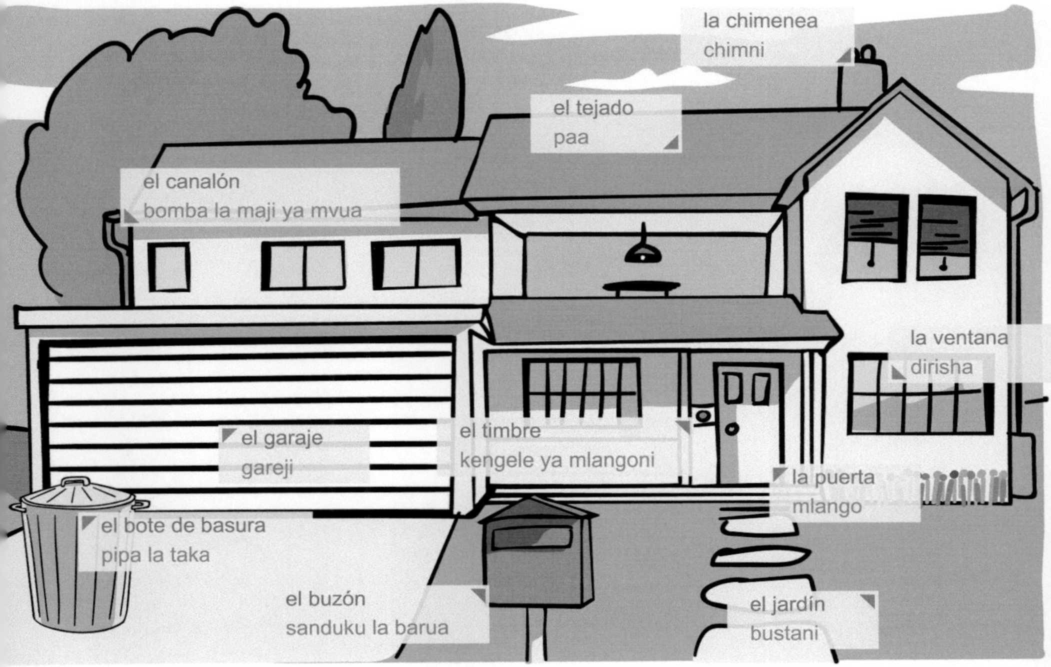

la chimenea
chimni
el tejado
paa
el canalón
bomba la maji ya mvua
la ventana
dirisha
el garaje
gareji
el timbre
kengele ya mlangoni
la puerta
mlango
el bote de basura
pipa la taka
el buzón
sanduku la barua
el jardín
bustani

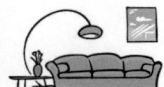

la estancia

sebuleni

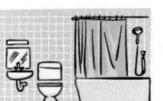

el baño

bafu

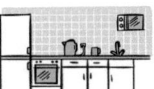

la cocina

jikoni

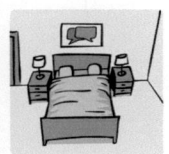

la recámara

chumba cha kulala

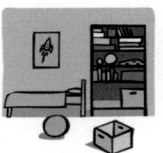

la recámara de los niños

chumba ya mtoto

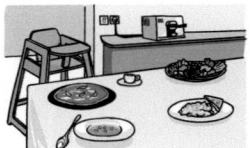

el comedor

chumba cha kulia

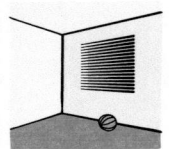

el suelo

sakafu

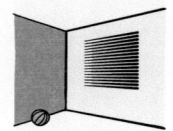

la pared

ukuta

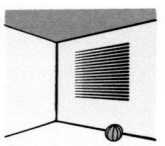

el techo

dari

el sótano

pishi

el sauna

sauna

el balcón

roshani

la terraza

mtaro

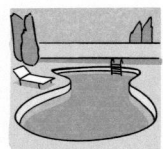

la alberca

kidimbwi

el cortacésped

mashine ya kukata nyasi

la sábana

karatasi

la colcha

kitambaa cha kupamba kitanda

la cama

kitanda

la escoba

ufagio

el balde

ndoo

el interruptor

kubadili

la estancia
sebuleni

el papel para empapelar
mandhari
la imagen
picha
la lámpara
taa
el estante
rafu
la alacena
kabati
la televisión
televisheni/runinga
la chimenea
mekoni
la flor
ua
el cojín
mto
el sofá
sofa
el florero
chombo cha maua
el control remoto
kitenzambali

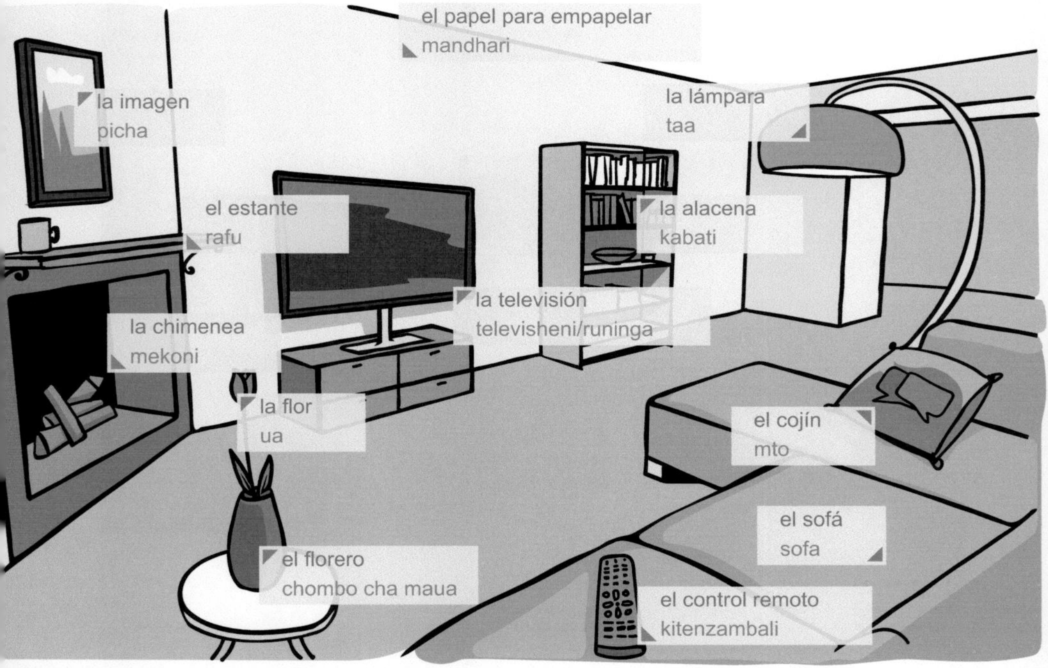

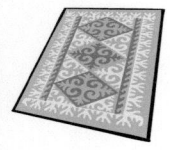

la alfombra

zulia

la cortina

pazia

la mesa

meza

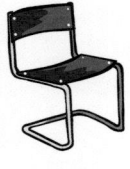

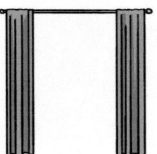

la silla

kiti

la mecedora

kiti cha bembea

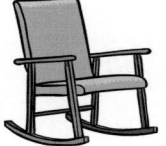

el sillón

armchair

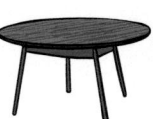

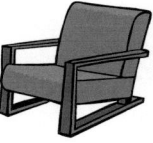

el libro

kitabu

la frazada

blanketi

la decoración

mapambo

la leña

kuni

la película

filamu

el equipo de música

kifaa cha hi-fi

la llave

ufunguo

el periódico

gazeti

la pintura

uchoraji

el póster

bango

la radio

redio

el cuaderno

daftari

la aspiradora

kifyonza

el cactus

dungusi kakati

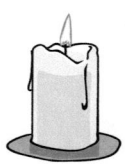

la vela

mshumaa

la cocina
jikoni

el refrigerador
jokofu
el microondas
kikanza
la báscula de cocina
wadogo jikoni
la tostadora
kibaniko
el detergente
sabuni
el horno
stovu
el congelador
friza
el bote de basura
pipa la taka
el lavavajillas
mashine ya kuoshea vyombo

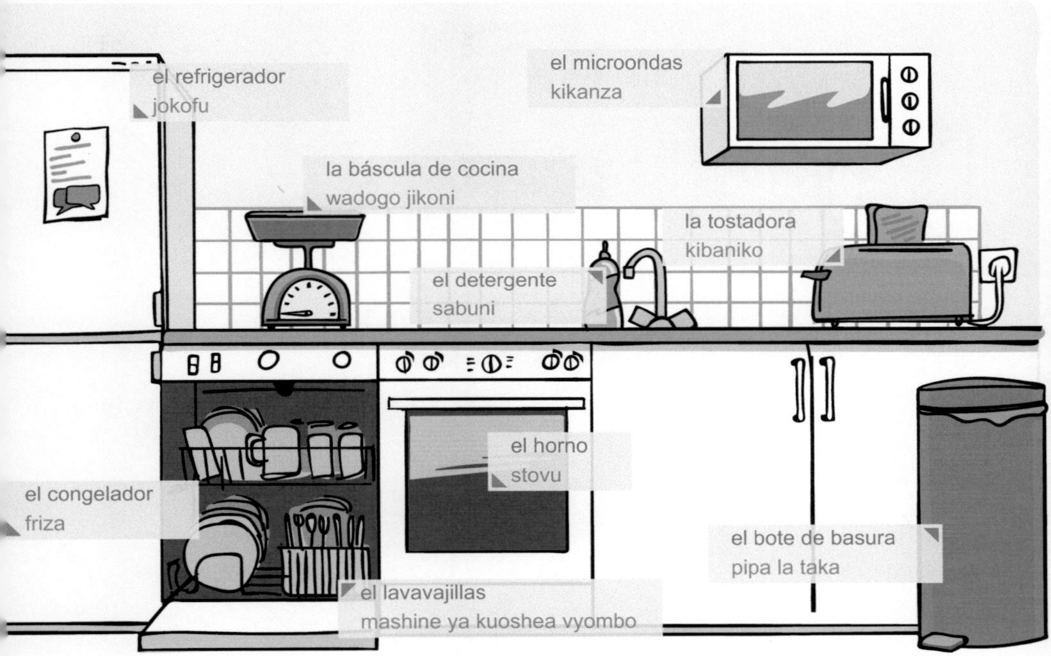

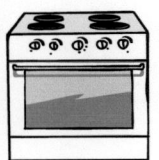

la olla a presión

jiko la kupika

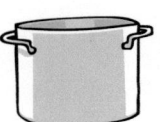

la olla

chungu

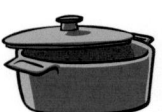

la olla de hierro fundido

sufuria ya chuma

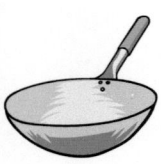

el wok

wok / kadai

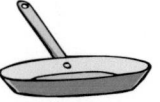

la sartén

kaango

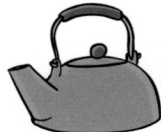

el hervidor

birika

la vaporera

stima

la charola de horno

sinia ya kuoka

la loza

vyombo vya udongo

la taza

kombe

el bol

bakuli

los palillos

vijiti vya kulia

el cucharón

ukawa

la espátula

mwiko mpana

la batidora

burashi

el colador

kichujio

el colador

chujio

el rallador

mbuzi

el mortero

chokaa

la barbacoa

barbeque

la fogata

moto wazi

la tabla para picar

ubao wa majaribio

el rodillo para amasar

kijiti cha kusukuma unga

el sacacorchos

kizibuo

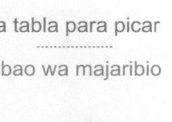

la lata

kopo

el abrelatas

inaweza kopo

el guante de cocina

kishikio cha chungu

el fregadero

karo

el cepillo

brashi

la esponja

sifongo

la batidora

kisagaji matunda

el congelador

friji ya kina

el biberón

chupa ya mtoto

la llave

bomba

el baño
bafu

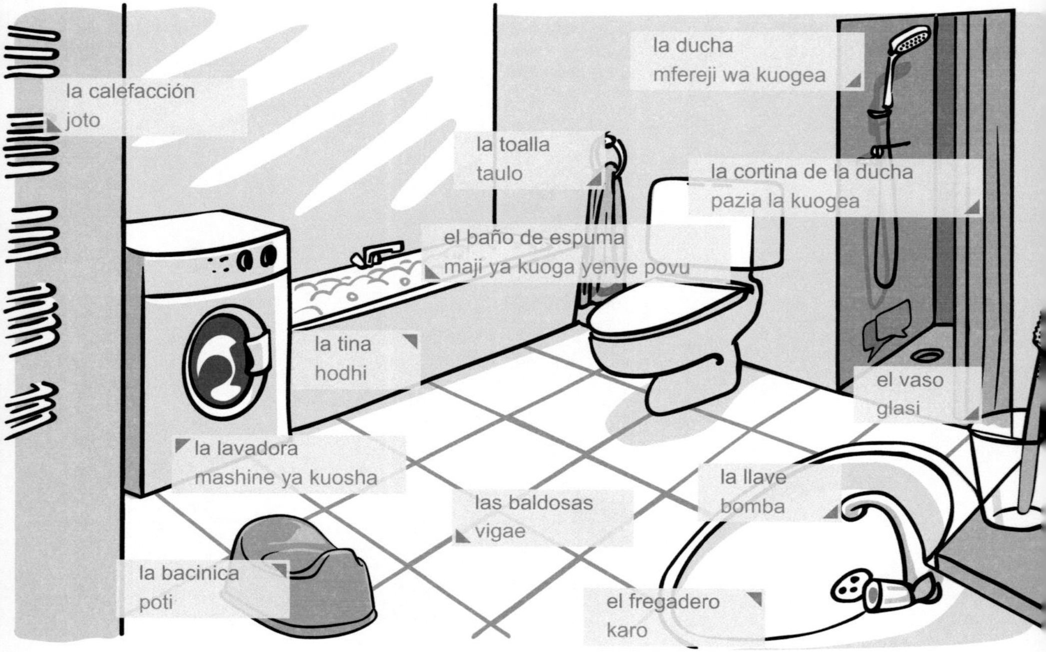
la ducha
mfereji wa kuogea
la calefacción
joto
la toalla
taulo
la cortina de la ducha
pazia la kuogea
el baño de espuma
maji ya kuoga yenye povu
la tina
hodhi
el vaso
glasi
la lavadora
mashine ya kuosha
la llave
bomba
las baldosas
vigae
la bacinica
poti
el fregadero
karo

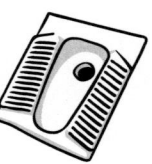

el inodoro

choo

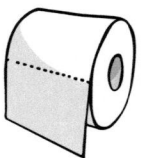

la letrina

choo cha squat

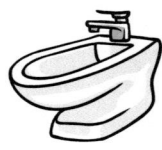

el bidé

beseni la mviringo

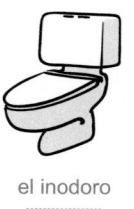

el mingitorio

choo cha umma

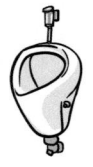

el papel higiénico

shashi

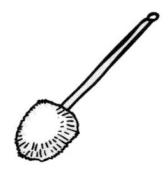

el cepillo para baño

brashi ya choo

el cepillo de dientes

mswaki

la pasta dental

dawa ya meno

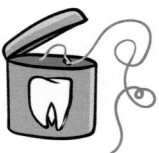

el hilo dental

dawa ya meno

lavar

safisha

la ducha de mano

kuoga mkono

la ducha vaginal

msukumo wa maji

el fregadero

bonde

el cepillo de espalda

mpako wa pili

el jabón

sabuni

el gel de ducha

jeli ya kuogea

el champú

shampuu

la toallita

flana

el drenaje

toa maji

la crema

krimu

el desodorante

kiondoa harufu

el espejo

kioo

el espejo de tocador

kioo mkono

la máquina para afeitar

kinyozi

la espuma de afeitar

povu la kunyoa

la loción para después de afeitar

baada ya kunyoa

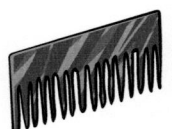

el peine

kichana

el cepillo

brashi

la secadora

kikausha nywele

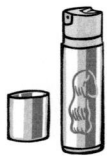

la laca

marashi ya nyewele

el maquillaje

vipodozi

el lápiz labial

kidomwa

el esmalte para uñas

varnish ya msumari

el algodón

pamba

las tijeras para uñas

mkasi wa kucha

el perfume

manukato

estuche para cosméticos

mkoba wa kuosha

el taburete

kinyesi

la báscula

mizani

la bata

nguo ya kuoga

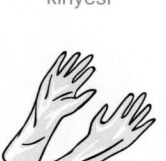

los guantes de goma

glavu za mpira

el tampón

kisodo

la toalla sanitaria

sodo

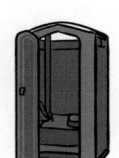

el baño móvil

kemikali choo

la recámara de los niños
chumba ya mtoto

el despertador
saa ya kengele
el peluche
kidoli cha kupakata
el carro de juguete
gari bandia
la sonaja
kelele
la casa de muñecas
chumba cha midoli
el regalo
sasa

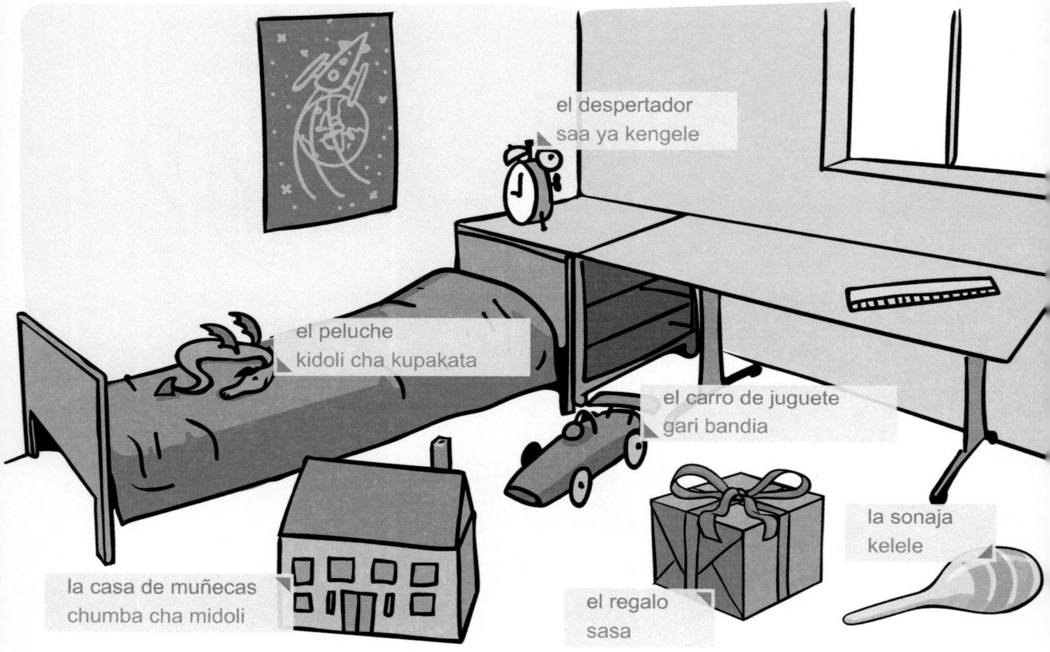

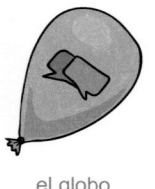

el globo

baluni

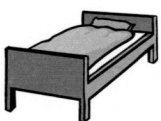

la cama

kitanda

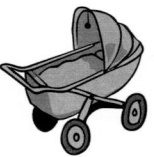

la carriola

mashua

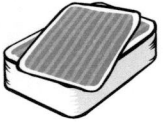

las cartas

staha ya kadi

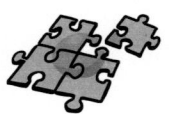

el rompecabezas

mchezo-fumb

SUPER MEGA

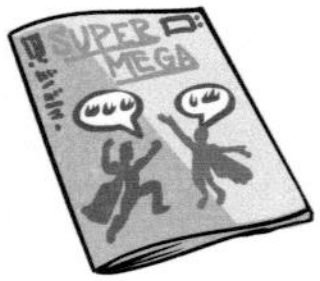

el cómic

vichekesho

las piezas de lego

matofali lego

los bloques para jugar

vitalu mwigo

la figura de acción

hatua takwimu

el mameluco

suti ya kulalia

el frisbee

kisahani

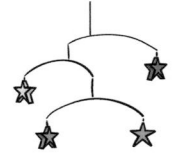

el móvil para bebés

simu

el juego de mesa

ubao wa michezo

los dados

kete

el tren eléctrico

garimoshi mwigo

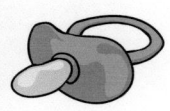

el maniquí

dummy

la fiesta

chama

el álbum de fotos

picha kitabu

el balón

mpira

la muñeca

kikaragosi

jugar

kucheza

la recámara de los niños - chumba ya mtoto

el arenero

shimo la mchanga

el columpio

bembea

los juguetes

vitu bandia

la consola de videojuegos

kiweko cha video ya mchezo

el triciclo

baiskeli ya magurudumu

el oso de peluche

mwanasesere

matatu

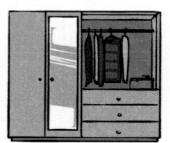

el clóset

kabati

la ropa

nguo

los calcetines

soksi

las pantimedias

stokingi

las mallas

kibano

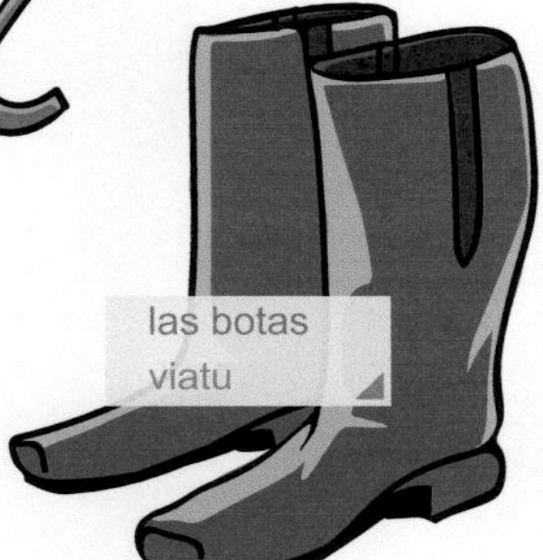

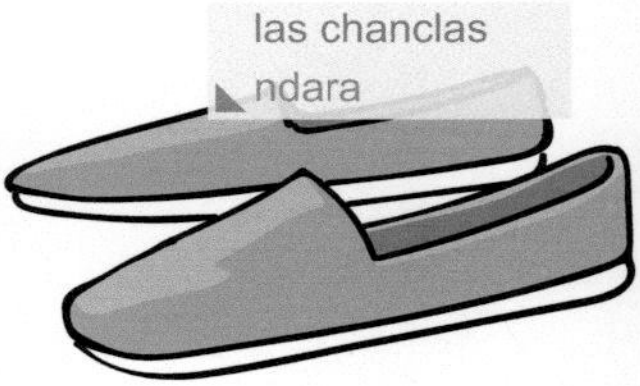

la bufanda
skafu

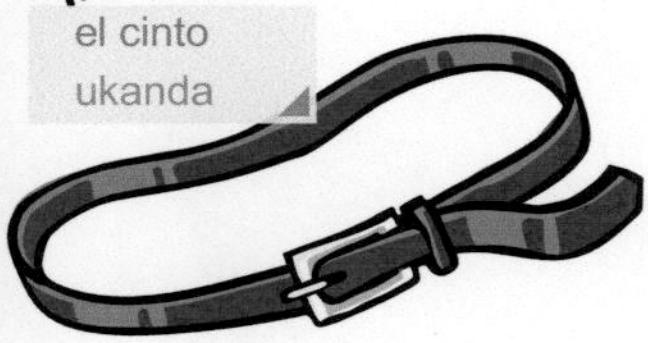

el cinto
ukanda

el paraguas
mwavuli

la playera
fulana

las botas
viatu

las chanclas
ndara

los tenis
wakufunzi

las sandalias

malapa

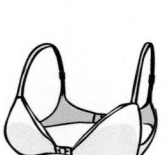

los zapatos

viatu

las botas de goma

mabuti ya mpira

la ropa interior

suruali ya ndani

el brasier

sidiria

el chaleco

fulana

el body

mwili

los pantalones

suruali

los pantalones de mezclilla

dangirizi

la falda

sketi

la blusa

blauzi

la camisa

shati

el suéter

vuta

la sudadera

sweta

el saco sport

bleza

la chamarra

jaketi

el abrigo

koti

el impermeable

koti la mvua

el traje

maleba

el vestido

gauni

el vestido de novia

mavazi ya harusi

el traje

suti

el camisón

vazi la usiku

el pijama

pajama

el sari

sari

el pañuelo para la cabeza

skafu

el turbante

kilemba

la burka

burka

el caftán

kaftan

la abaya

abaya

el traje de baño

vazi la kuogelea

el short de baño

vazi la kiume la kuogelea

los shorts

kaptura

los pants

teitei

el delantal

aproni

los guantes

glavu

el botón

kifungo

las gafas

glasi

el brazalete

bangili

el collar

mkufu

el anillo

pete

el arete

herini

la gorra

kofia

el gancho

kiango cha koti

el sombrero

kofia

la corbata

tai

el cierre

zipu

el casco

kofia

los tirantes

kanda za suruali

el uniforme

sare za shule

el uniforme

sare

el babero

bibu

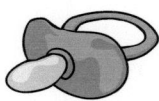

el maniquí

dummy

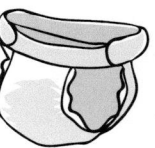

el pañal

nepi

la oficina
ofisi

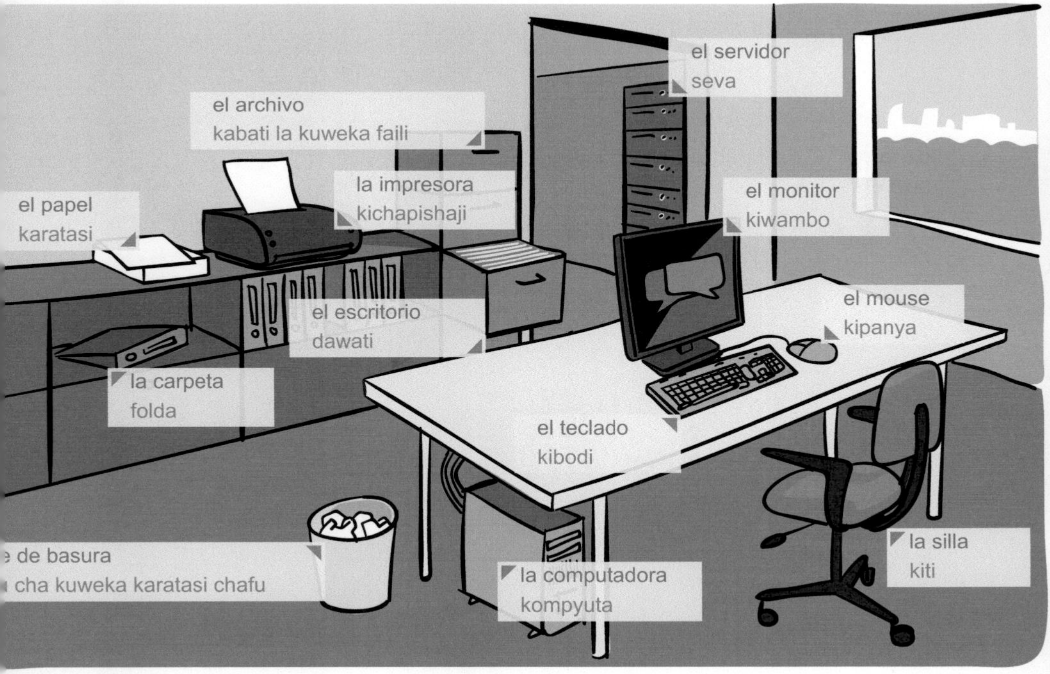

el servidor

seva

el archivo

kabati la kuweka faili

la impresora

kichapishaji

el papel

karatasi

el monitor

kiwambo

el escritorio

dawati

el mouse

kipanya

la carpeta

folda

el teclado

kibodi

e de basura

cha kuweka karatasi chafu

la silla

kiti

la computadora

kompyuta

la taza de café

kmobe la kahawa

la calculadora

kikokotoo

el internet

biashara

la notebook

mbali

la carta

barua

el mensaje

ujumbe

el móvil

rununu

la red

intaneti

la fotocopiadora

fotokopia

el software

programu

el teléfono

simu

el tomacorriente

soketi

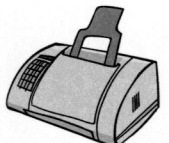

el fax

kipepesi

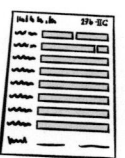

el formulario

fomu

el documento

hati

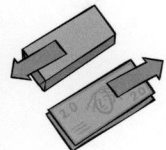

comprar

kununua

pagar

kulipa

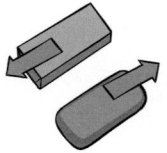

hacer negocios

biashara

el dinero

fedha

el dólar

dola

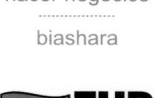

el euro

yuro

el yen

yeni

el rublo

rouble

el franco suizo

faranga ya Uswisi

el yuan

renminbi yuan

la rupia

rupia

el cajero automático

eneo la kulipia

la casa de cambio

ofisi ya ubadilishanaji

el oro

dhahabu

la plata

fedha

el petróleo

mafuta

la energía

nishati

el precio

bei

el contrato

mkataba

el impuesto

kodi

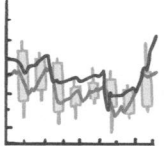

la acción

bidhaa

trabajar

kazi

el empleado

mfanyakazi

el empleador

mwajiri

la fábrica

kiwanda

la tienda

duka

las ocupaciones

kazi

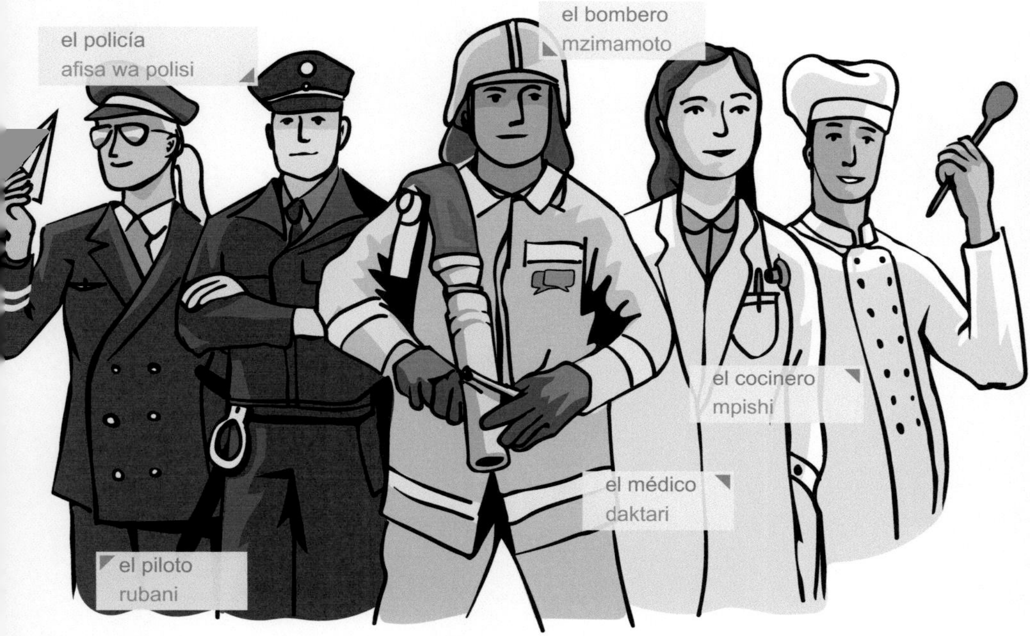
el policía
afisa wa polisi
el bombero
mzimamoto
el cocinero
mpishi
el médico
daktari
el piloto
rubani

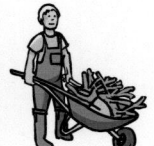

el jardinero

mtunza bustani

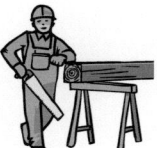

el carpintero

seremala

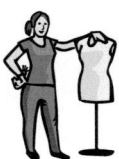

la costurera

mshonaji

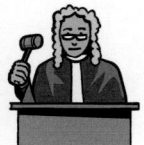

el juez

hakimu

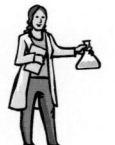

el farmacéutico

mwanakemia

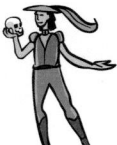

el actor

muigizaji

el conductor de autobús

dereva wa basi

el taxista

dereva wa teksi

el pescador

mvuvi

la señora de la limpieza

mwanamke wa kusafisha

el instalador de techos

mwezekaji

el camarero

mhudumu

el cazador

mwindaji

el pintor

mchoraji

el panadero

mwokaji

el electricista

umeme

el obrero

mjenzi

el ingeniero

mhandisi

el carnicero

mchinjaji

el plomero

fundi bomba

el cartero

mwanaposta

el soldado

mwanajeshi

el arquitecto

msanifu majengo

el cajero

keshia

el florista

muuza maua

el peluquero

msusi

el cobrador

kondakta

el mecánico

mekanika

el capitán

nahodha

el dentista

daktari wa meno

el científico

mwanasayansi

el rabino

rabbi

el imán

imamu

el monje

mtawa

el sacerdote

kasisi

las herramientas
zana

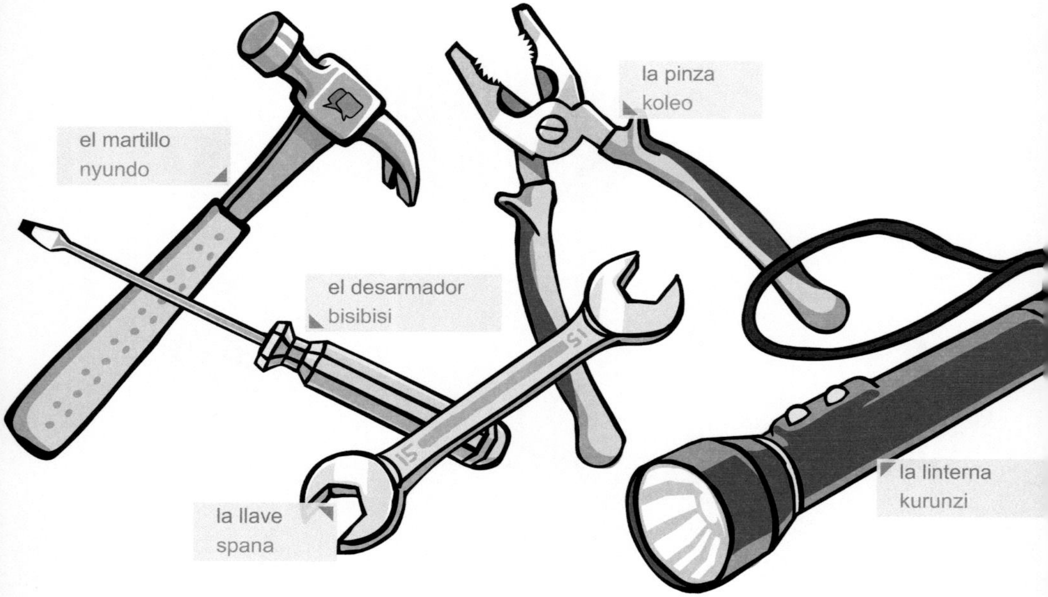

el martillo
nyundo
la pinza
koleo
el desarmador
bisibisi
la llave
spana
la linterna
kurunzi

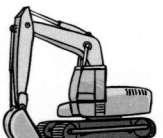

la excavadora

mchimbaji

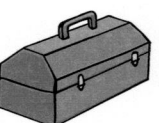

la caja de herramientas

sanduku la vifaa

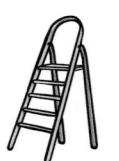

la escalera de mano

ngazi

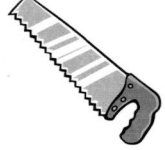

la sierra

msumeno

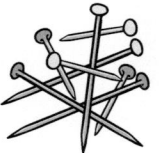

los clavos

misumari

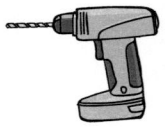

el taladro

kuchimba visima

reparar

kukarabati

la pala

sepetu

¡Maldición!

Lo!

el recogedor

kishikio cha uchafu

el bote de pintura

chungu cha rangi

los tornillos

skurubu

los instrumentos musicales
ala za muziki

el altavoz
spika

la batería
mpangilio wa ngoma

la guitarra
gita

el contrabajo
besi mara mbili

la trompeta
tarumbeta

el piano

piano

el violín

fidla

el bajo

ubeji

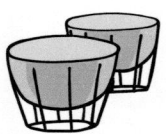

los timbales

timpani

el tambor

ngoma

el teclado

kibodi

el saxofón

saksafoni

la flauta

filimbi

el micrófono

maikrofoni

el zoológico

bustani ya wanyama

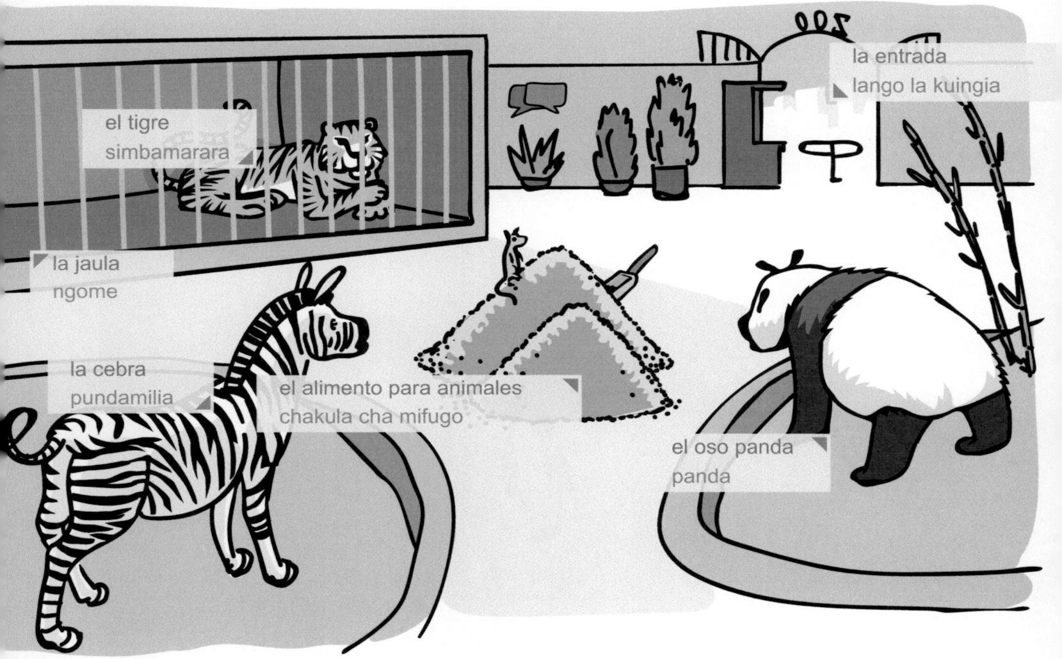

la entrada
lango la kuingia
el tigre
simbamarara
la jaula
ngome
la cebra
pundamilia
el alimento para animales
chakula cha mifugo
el oso panda
panda

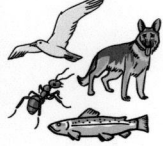

los animales

wanyama

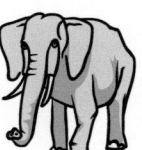

el elefante

tembo

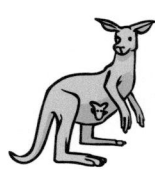

el canguro

kangaruu

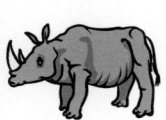

el rinoceronte

kifaru

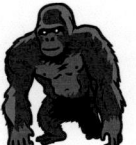

el gorila

sokwe

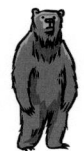

el oso

dubu

el camello

ngamia

el avestruz

mbuni

el león

simba

el mono

tumbili

el flamenco

heroe

el loro

kasuku

el oso polar

dubu

el pingüino

penguini

el tiburón

papa

el pavo real

tausi

la serpiente

nyoka

el cocodrilo

mamba

el guardián de zoológico

mtunza wanyama

la foca

muhuri

el jaguar

jaguar

el zoológico - bustani ya wanyama

el poni

mwanafarasi

el leopardo

chui

el hipopótamo

kiboko

la jirafa

twiga

el águila

tai

el jabalí

nguruwe mwitu

el pescado

samaki

la tortuga

kobe

la morsa

sili

el zorro

mbweha

la gacela

paa

el fútbol americano
soka ya marekani

el ciclismo
uendeshaji baiskeli

el tenis
tenisi

el baloncesto
mpira wa kikapu

la natación
kuogelea

el boxeo
ndondi

el hockey sobre hielo
magongo ya barafuni

el fútbol

soka

el bádminton

vinyoya

el atletismo

riadha

el handball

mpira wa mikono

el esquí

skii

el polo

polo

las actividades
shughuli

saltar
kuruka
abrazar
kumbatia
reír
cheka
caminar
kutembea
cantar
kuimba
soñar
ota ndoto
rezar
kuomba
besar
busu

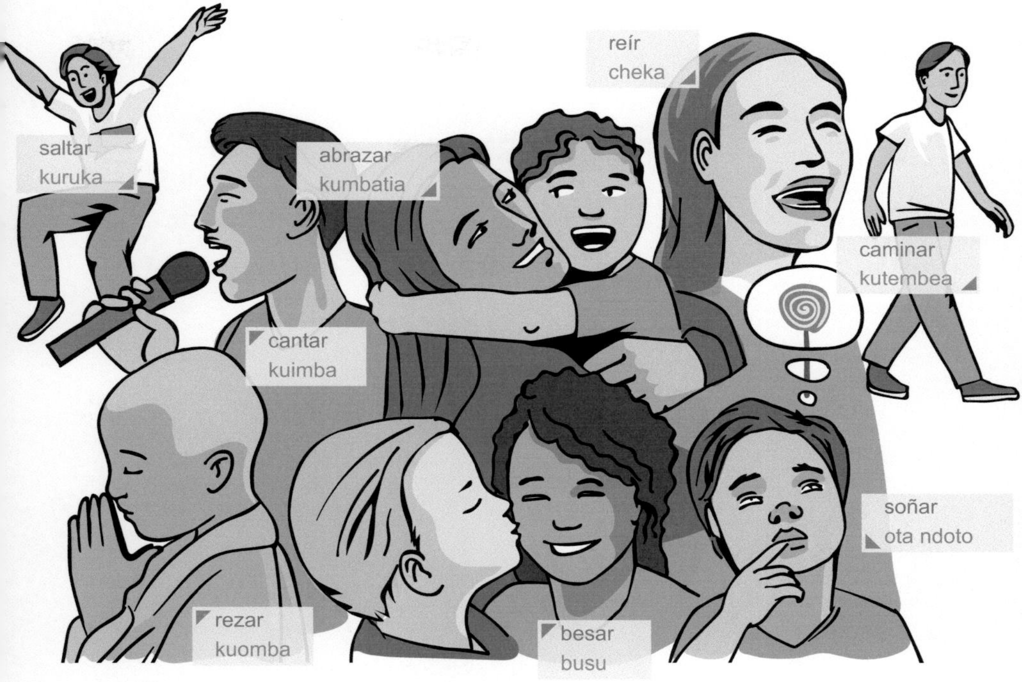

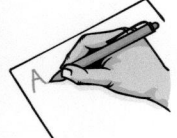

escribir

kuandika

dibujar

kuteka

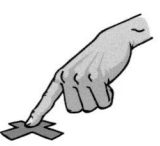

mostrar

angalia

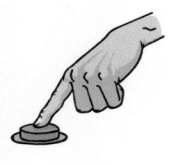

empujar

sukuma

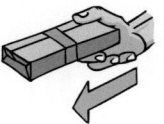

dar

kutoa

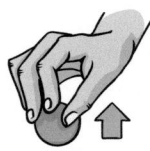

tomar

kuchukua

tener

kuwa

hacer

fanya

ser

kuwa

estar parado

kusimama

correr

kukimbia

jalar

vuta

arrojar

kutupa

caer

kuanguka

estar acostado

hadaa

esperar

kusubiri

llevar

kubeba

estar sentado

kukaa

vestirse

vaa nguo

dormir

usingizi

despertar

kuamka

mirar

kuangalia

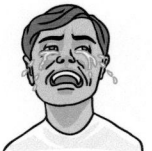

llorar

lia

acariciar

kiharusi

peinar

chana nywele

hablar

ongea

entender

kuelewa

preguntar

kuuliza

escuchar

kusikiliza

beber

kunywa

comer

kula

ordenar

nadhifisha

amar

upendo

cocinar

mpishi

conducir

gari

volar

kuruka

navegar

meli

calcular

kokotoa

leer

kusoma

aprender

kujifunza

trabajar

kazi

casarse

kuoa

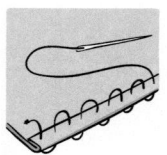

coser

kushona

cepillarse los dientes

piga mswaki

matar

kuua

fumar

moshi

enviar

kutuma

la abuela
bibi

el abuelo
babu

el padre
baba

la madre
mama

el bebé
mtoto

la hija
binti

el hijo
bin

el invitado
mgeni

la tía
shangazi

el tío
mjomba

el hermano
kaka

la hermana
dada

el cuerpo

mwili

la frente
paji la uso
el ojo
jicho
el hombro
bega
el dedo
kidole
la cara
uso
la barbilla
kidevu
la mano
mkono
la pierna
mguu
el pecho
matiti
el brazo
mkono

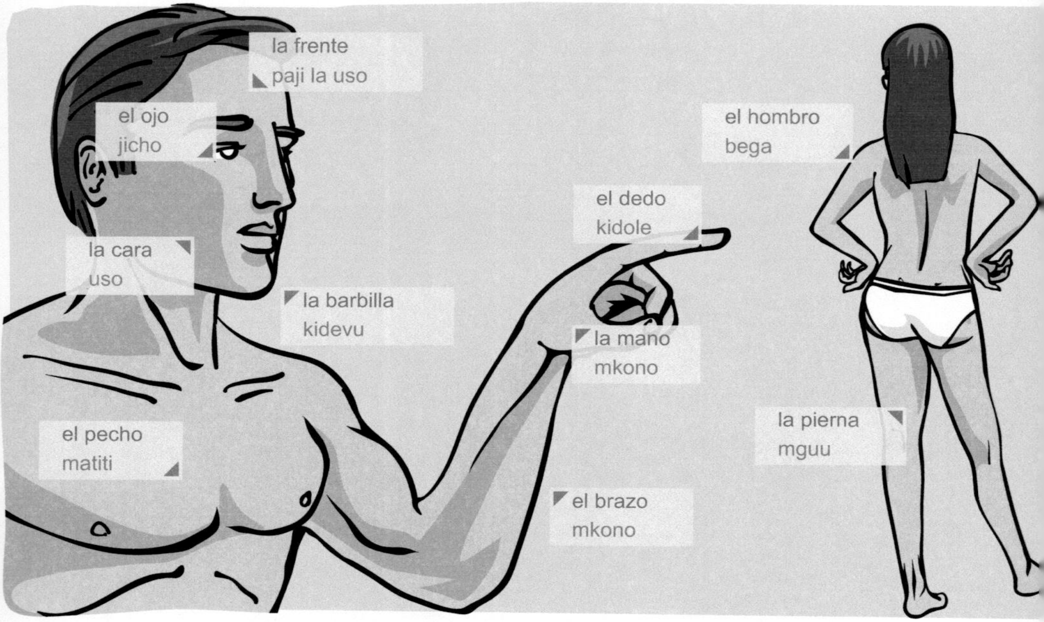

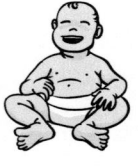

el bebé

mtoto

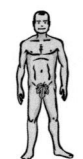

el hombre

mwanamume

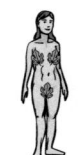

la mujer

mwanamke

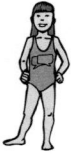

la niña

msichana

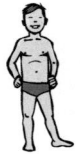

el niño

mvulana

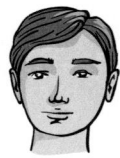

la cabeza

kichwa

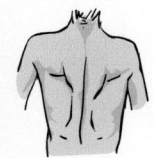

la espalda

nyuma

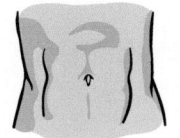

la barriga

tumbo

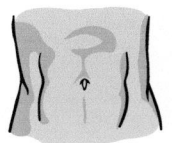

el ombligo

kitovu

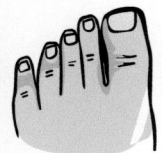

el dedo del pie

chano

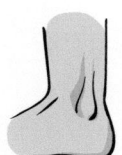

el talón

kisigino

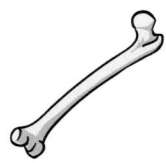

el hueso

mfupa

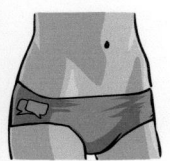

la cadera

nyonga

la rodilla

goti

el codo

kiwiko

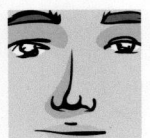

la nariz

pua

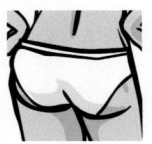

las pompis

chini

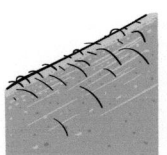

la piel

ngozi

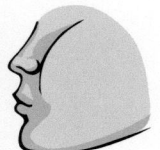

la mejilla

shavu

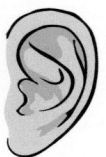

el oído

sikio

el labio

mdomo

la boca

kinywa

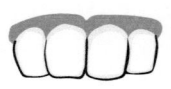

el diente

jino

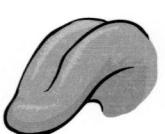

la lengua

ulimi

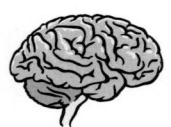

el cerebro

ubongo

el corazón

moyo

el músculo

misuli

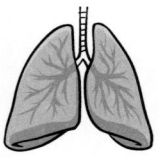

el pulmón

pafu

el hígado

ini

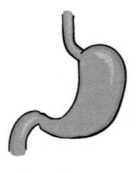

el estómago

tumbo

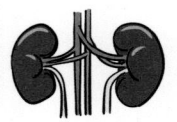

los riñones

figo

el sexo

jinsia

el condón

kondomu

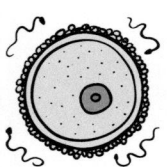

el óvulo

ovari

el semen

shahawa

el embarazo

mimba

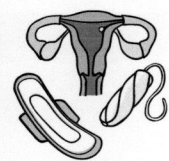

la menstruación
hedhi

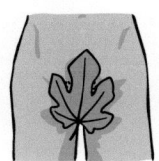

la vagina
uke

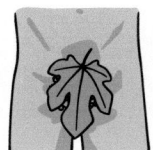

el pene
uume

la ceja
unyusi

el cabello
nywele

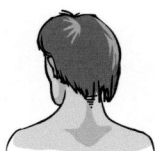

el cuello
shingo

el hospital
hospitali

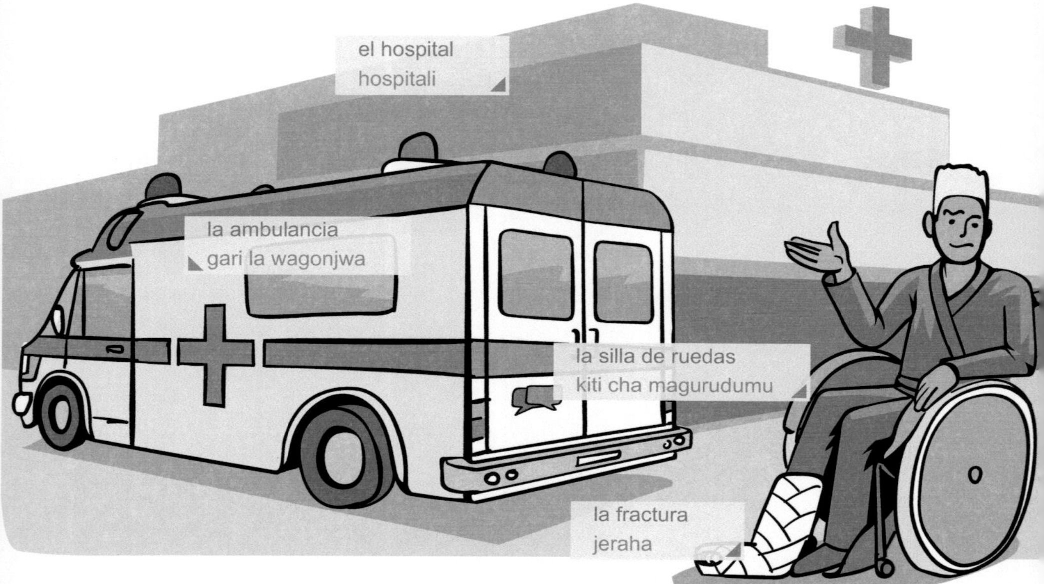

el hospital
hospitali
la ambulancia
gari la wagonjwa
la silla de ruedas
kiti cha magurudumu
la fractura
jeraha

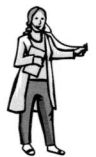

el médico

daktari

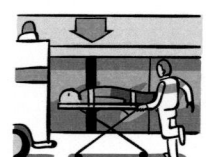

la sala de emergencias

chumba cha dharura

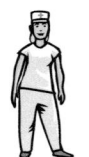

la enfermera

muuguzi

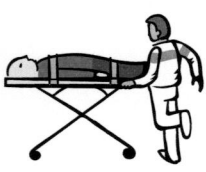

la emergencia

dharura

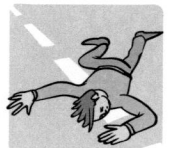

inconsciente

kupoteza fahamu

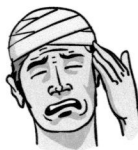

el dolor

maumivu

la lesión

kuumia

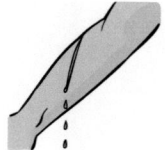

la hemorragia

kutokwa na damu

el infarto

mshtuko wa moyo

el accidente
cerebrovascular

kiharusi

la alergia

mzio

la tos

kikohozi

la fiebre

homa

la gripa

mafua

la diarrea

kuharisha

el dolor de cabeza

maumivu ya kichwa

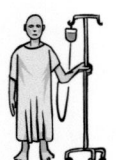

el cáncer

kansa

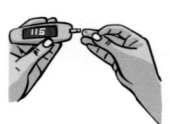

la diabetes

ugonjwa wa kisukari

el cirujano

daktari mpasuaji

el bisturí

kisu kidogo cha kupasulia

la operación

operesheni

TC

picha changanufu ya mwili

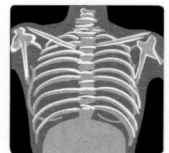

los rayos x

Eksrei

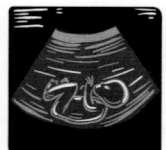

el ultrasonido

mawimbi sauti

la mascarilla

barakoa ya uso

la enfermedad

ugonjwa

la sala de espera

chumba cha kusubiri

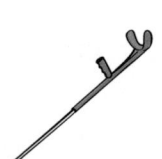

la muleta

mkongojo

la vendita

plasta

el vendaje

bendeji

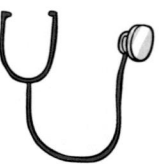

la inyección

sindano

el estetoscopio

stetoskopu

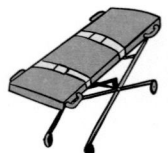

la camilla

machela

el termómetro

kipimajoto cha kliniki

el nacimiento

kuzaliwa

el sobrepeso

unene kupita kiasi

el hospital - hospitali

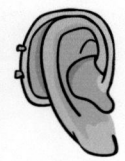

el audífono

kusikia misaada

el desinfectante

kipukusi

la infección

maambukizi

el virus

virusi

VIH / SIDA

VVU / UKIMWI

la medicina

dawa

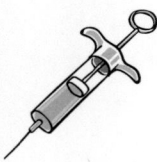

la vacunación

chanjo

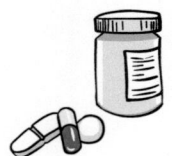

las tabletas

vidonge

la pastilla anticonceptiva

kidonge

la llamada de emergencia

simu ya dharura

el medidor de presión

haemodainamometa

enfermo / sano

mgonjwa / mwenye afya

¡Socorro!

Msaada!

la alarma

kengele

la agresión

pigo

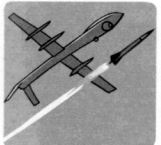

el ataque

shambulizi

el peligro

hatari

la salida de emergencia

lango la dharura

¡Fuego!

Moto!

el extintor de incendios

kizima moto

el accidente

ajali

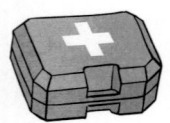

el botiquín de primeros auxilios

vifaa vya huduma ya kwanza

SOS

wito wa msaada

la policía

polisi

Europa

Ulaya

Norteamérica

Amerika ya Kaskazini

Sudamérica

Amerika ya Kusini

África

Afrika

Asia

Asia

Australia

Australia

el Atlántico

Atlantiki

el Pacífico

Pasifiki

el Océano Índico

Bahari ya Hindi

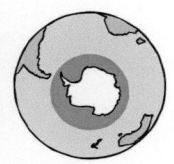

el Océano Antártico

Bahari ya Antaktiki

el Océano Ártico

Bahari ya Aktiki

el polo norte

Ncha ya Kaskazini

el polo sur

Ncha ya Kusini

la Antártida

Antaktika

la tierra

dunia

la tierra

nchi

el mar

bahari

la isla

kisiwa

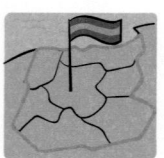

la nación

taifa

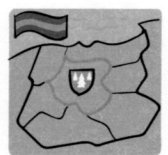

el estado

jimbo

la esfera

uso wa saa

la manecilla de las horas

akrabu ya saa

el minutero

akrabu ya dakika

el segundero

akrabu ya sekunde

¿Qué hora es?

Ni saa ngapi?

el día

siku

la hora

wakati

ahora

sasa

el reloj digital

saa ya dijitali

el minuto

dakika

la hora

saa

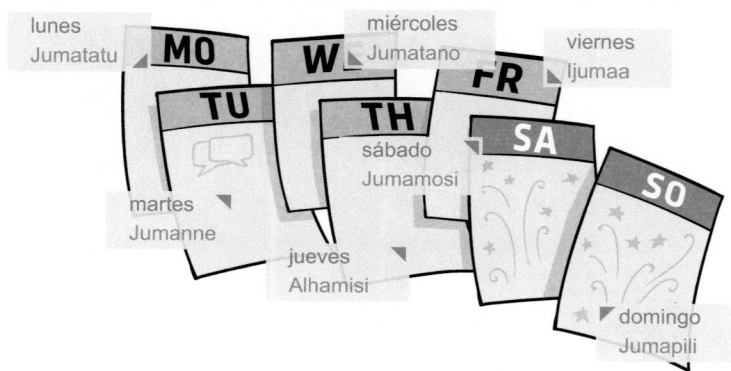

lunes
Jumatatu

miércoles
Jumatano

viernes
Ijumaa

sábado
Jumamosi

martes
Jumanne

jueves
Alhamisi

domingo
Jumapili

ayer

jana

hoy

leo

mañana

kesho

la mañana

asubuhi

el mediodía

saa sita mchana

la tarde

jioni

los días laborables

siku za biashara

el fin de semana

mwishoni mwa wiki

el año
mwaka

la lluvia
mvua
el arco iris
upinde wa mvua
la nieve
theluji
el viento
upepo
la primavera
majira ya machipuko
el otoño
vuli
el verano
kiangazi
el invierno
majira ya baridi

4.APRIL 11°
5.APRIL 4°
6.APRIL 13°
7.APRIL 8°
8.APRIL 10°

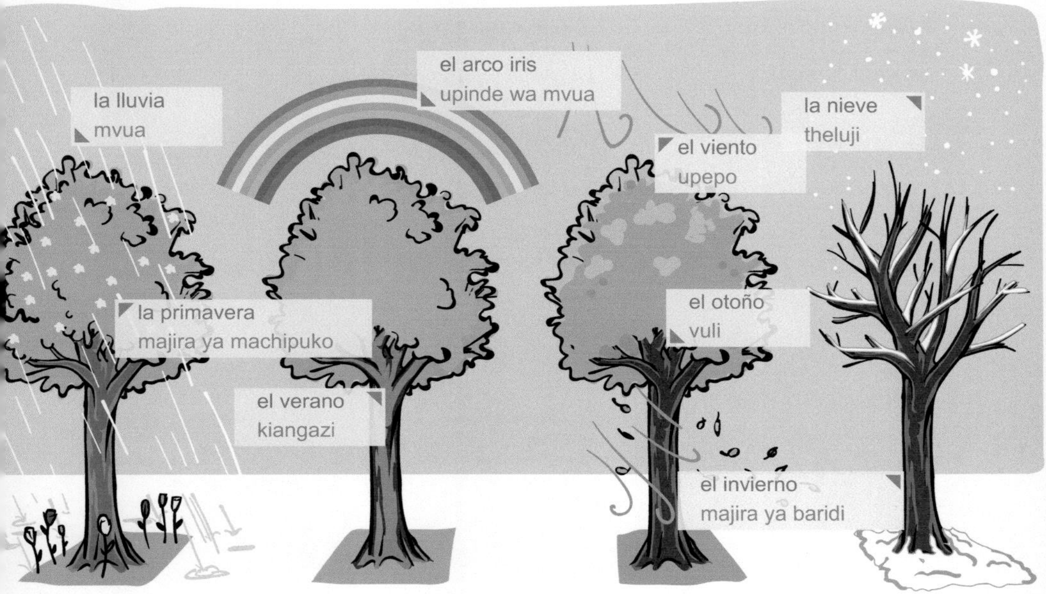

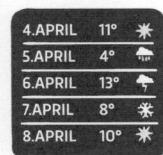

el pronóstico del tiempo

utabiri wa hali ya hewa

F C
120 40
90 30
60 20
30 10
0 0
-30 -10
-20

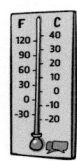

el termómetro

kipimajoto

el sol

mwanga wa jua

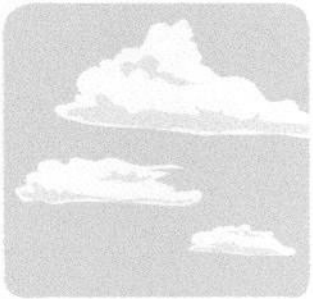

la nube

wingu

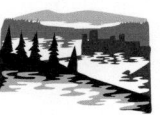

la niebla

ukungu

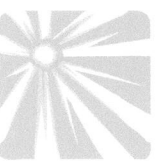

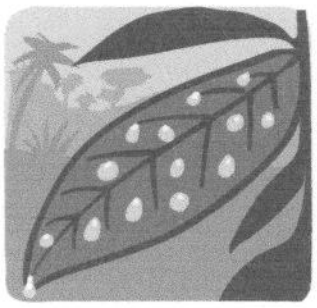

la humedad

unyevu

el rayo

umeme

el trueno

radi

la tormenta

dhoruba

el granizo

mvua ya mawe

el monzón

monsuni

la inundación

mafuriko

el hielo

barafu

enero

Januari

febrero

Februari

marzo

Machi

abril

Aprili

mayo

Mei

junio

Juni

julio

Julai

agosto

Agosti

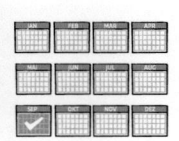

septiembre
....
Septemba

octubre
....
Oktoba

noviembre
....
Novemba

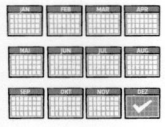

diciembre
....
Desemba

el círculo
....
mduara

el cuadrado
....
mraba

el rectángulo
....
mstatili

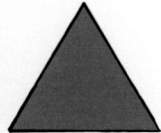

el triángulo
....
pembetatu

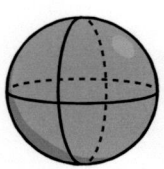

la esfera
....
nyanja

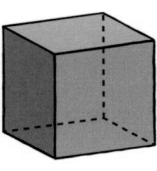

el cubo
....
mchemraba

blanco

nyeupe

amarillo

manjano

naranja

chungwa

rosa

rangi ya waridi

rojo

nyekundu

morado

hudhurungi

azul

bluu

verde

kijani

marrón

hanja

gris

jivujivu

negro

nyeusi

mucho / poco

mengi / kidogo

enojado / tranquilo

hasira / pole

bonito / feo

nzuri / mbaya

principio / fin

mwanzo / mwisho

grande / pequeño

kubwa / ndogo

claro / oscuro

angavu / giza

el hermano / la hermana

kaka / dada

limpio / sucio

safi / chafu

completo / incompleto

kamilika / tokamilika

el día / la noche

siku / usiku

muerto / vivo

wafu / hai

ancho / angosto

pana / nyembamba

comestible / no comestible

kulika / kutolika

malo / amable

ovu / ema

entusiasmado / aburrido

sisimkwa / udhika

gordo / delgado

nene / nyembamba

primero / último

kwanza / mwisho

el amigo / el enemigo

rafiki / adui

lleno / vacío

jaa / tupu

duro / blando

ngumu / laini

pesado / ligero

nzito / nyepesi

el hambre / la sed

njaa / kiu

enfermo / sano

mgonjwa / mwenye afya

ilegal / legal

haramu / kisheria

inteligente / tonto

akili / kijinga

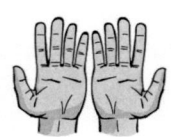

izquierda / derecha

kushoto / kulia

cerca / lejos

karibu / mbali

nuevo / usado

mpya / kutumika

nada / algo

kitu / jambo

viejo / joven

zee / changa

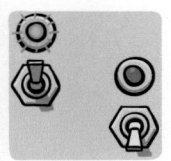

encendido / apagado

waka / zima

abierto / cerrado

wazi / fungwa

silencioso / ruidoso

utulivu / kelele

rico / pobre

tajiri / masikini

correcto / incorrecto

sahihi / kosa

áspero / suave

mbaya / laini

triste / contento

huzunika / furahia

corto / largo

fupi /ndefu

lento / rápido

polepole / haraka

húmedo / seco

nyevu / kavu

caliente / frío

joto / baridi

guerra / paz

vita / amani

los números

nambari

0

cero

sufuri

1

uno

moja

2

dos

mbili

3

tres

tatu

4

cuatro

nne

5

cinco

tano

6

seis

sita

7

siete

saba

8

ocho

nane

9

nueve

tisa

10

diez

kumi

11

once

kumi na moja

12
doce
kumi na mbili

13
trece
kumi na tatu

14
catorce
kumi na nne

15
quince
kumi na tano

16
dieciséis
kumi na sita

17
diecisiete
kumi na saba

18
dieciocho
kumi na nane

19
diecinueve
kumi na tisa

20
veinte
ishirini

100
cien
mia

1.000
mil
elfu

1.000.000
el millón
milioni

los números - nambari

el inglés

Kiingereza

el inglés americano

Kiingereza cha Marekani

el chino mandarín

Kimandarini cha Uchina

el hindi

Kihindi

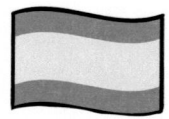

el español

Kihispania

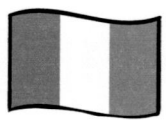

el francés

Kifaransa

el árabe

Kiarabu

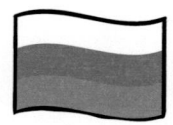

el ruso

Kirusi

el portugués

Kireno

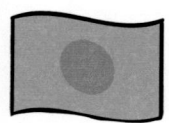

el bengalí

Kibengali

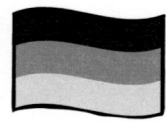

el alemán

Kijerumani

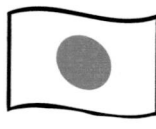

el japonés

Kijapani

yo

mimi

tú

wewe

él / ella

yeye / yeye / ni

nosotros

sisi

vosotros

wewe

ellos

wao

¿quién?

nani?

¿qué?

nini?

¿cómo?

jinsi gani?

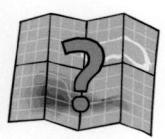

¿dónde?

wapi?

¿cuándo?

lini?

el nombre

jina

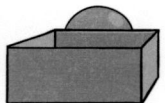

detrás

nyuma

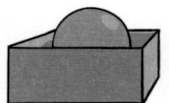

en

katika

delante de

mbele ya

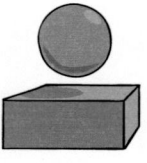

por encima de

juu ya

sobre

kwenye

debajo de

chini ya

junto a

kando

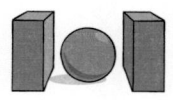

entre

kati

el lugar

mahali